Couverture inférieure manquante

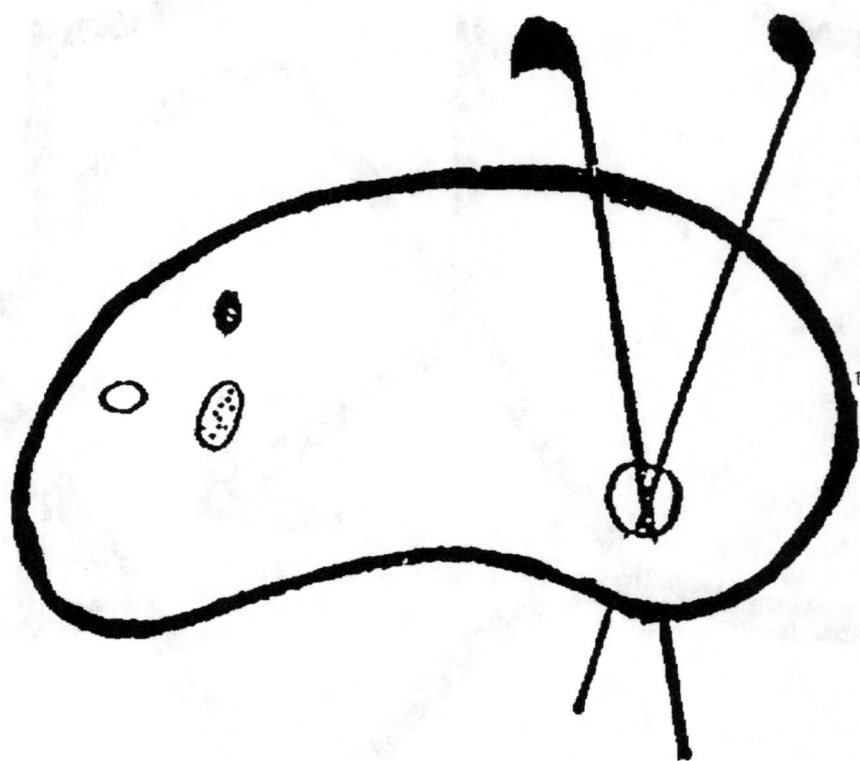

DEBUT D'UNE SERIE DE DOCUMENTS
EN COULEUR

L'UNIVERSITÉ DE PARIS

AU XIIIᵉ SIÈCLE

ORGANISATION. — ÉTUDES. — VIE DES ESCHOLIERS

PAR

CHARLES AUZIAS-TURENNE

DOCTEUR EN DROIT, AVOCAT PRÈS LA COUR D'APPEL DE GRENOBLE

PARIS
OUDIN FRERES,
ÉDITEURS
Rue Bonaparte, 51.

GRENOBLE
BARATIER ET DARDELET
IMPRIMEURS-LIBRAIRES
Grand'rue, 4.

1880

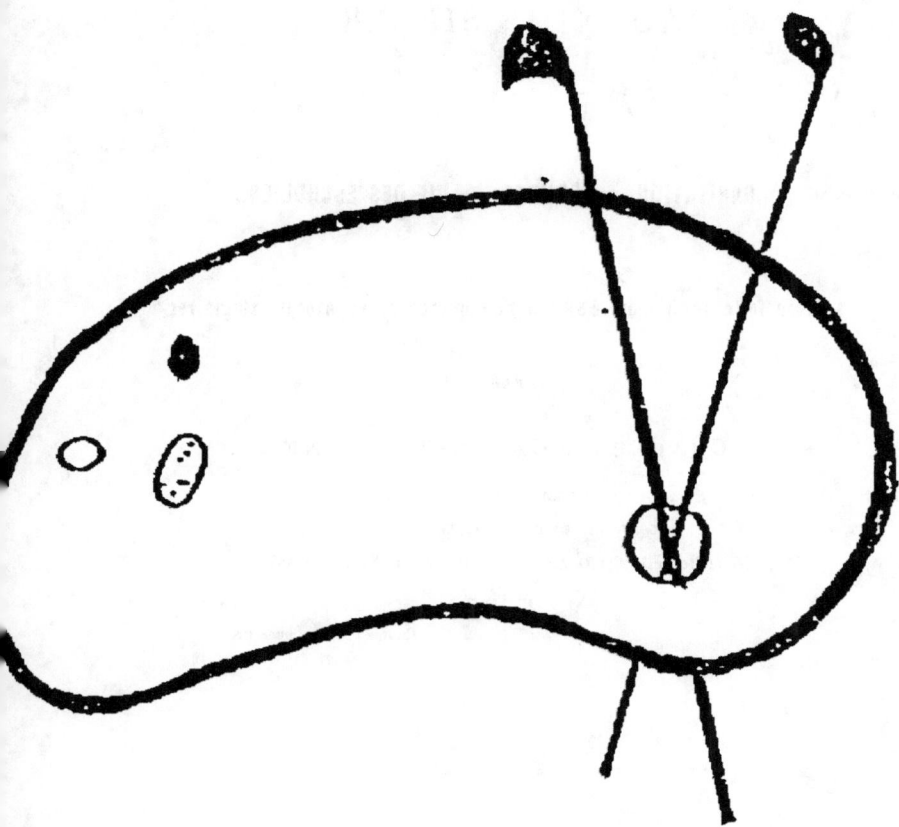

FIN D'UNE SERIE DE DOCUMENTS
EN COULEUR

L'UNIVERSITÉ DE PARIS

AU XIIIe SIÈCLE

ORGANISATION. — ÉTUDES. — VIE DES ESCHOLIERS

Lecture faite le 5 mars 1880 à la Conférence des Avocats stagiaires

PAR

CHARLES AUZIAS-TURENNE

DOCTEUR EN DROIT

AVOCAT PRÈS LA COUR D'APPEL DE GRENOBLE

Secrétaire de la Conférence pendant l'année juridique 1878-1879.

Euntes docete omnes gentes.
(S. MATH., XXVIII, 19)

GRENOBLE

BARATIER ET DARDELET, IMPRIMEURS-LIBRAIRES.

—

1880

2820

L'UNIVERSITÉ DE PARIS

Au XIIIᵉ siècle.

———◦—◦———

Monsieur le Batonnier,

Mes chers Confrères,

A côté du sujet sur lequel vous venez d'entendre
lire une si remarquable étude (1), il en est un qui,
bien qu'occupant les esprits depuis longtemps déjà,
n'en n'est pas moins, lui aussi, rempli d'actualité, et
qui, plus que jamais, continue de passionner tout le
monde : je veux parler de l'enseignement en général, et plus particulièrement de l'enseignement se-
condaire et supérieur. Les questions qui en dépen-
dent sont aussi nombreuses qu'intéressantes et
presque toutes pourraient fournir matière à une
étude sérieuse. Mais, vous le savez, la politique est
venue s'y mêler bien mal à propos, et les rendre par
suite, dangereuses et irritantes ; en sorte qu'en

———

(1) *Aperçu de la Législation anglaise sur le Mariage et le
Divorce*, par Mᵉ Paul Vernet, avocat.

traiter une, aurait été peut-être une imprudence. Nous reportant alors en arrière, notre attention a été attirée plus particulièrement par ces grands foyers intellectuels si florissants jadis, par ces Universités célèbres qui renaissent aujourd'hui de leurs cendres, et qui, nous en avons la ferme confiance, après avoir été fortifiées par la persécution, sauront, dans un avenir prochain, briller de nouveau d'un incomparable éclat. Dans cet ordre d'idées également, les sujets d'étude se présentaient en foule ; par exemple, les origines de ces établissements, l'histoire en particulier de tel ou tel d'entre eux, les grandes et peu honorables luttes de l'Université de Paris avec les Dominicains et les Franciscains au xiiie siècle, puis, trois cents ans plus tard, avec les Jésuites, son rôle pendant les guerres de la Ligue ou de la Fronde, etc., etc.

Néanmoins, et si tentants qu'ils fussent, nous ne nous sommes arrêté à aucun de ces sujets : chacun d'eux aurait exigé, pour être bien traité, beaucoup de temps, beaucoup de recherches et surtout un talent particulier pour la mise en œuvre des matériaux : nous n'aurions pas été, tant s'en faut, à la hauteur de la tâche. Un de ceux qui viendront après nous pourra, sans nul doute, l'entreprendre et y réussir ; pour nous, nous nous sommes borné à une étude plus modeste et plus en rapport avec nos forces. Prenant l'Université de Paris au moment de sa formation définitive, qui fut aussi celui de son apogée et qui se produisit pendant le xiiie siècle, nous avons examiné quelle était l'organisation inté-

rieure de ce corps célèbre, à quelles études on s'y
livrait et quel genre de vie menaient les Escholiers (1), nos devanciers. Et ce que nous allons dire
de l'Université de Paris, sauf quelques différences de
détail, pourra s'appliquer aux autres.

1.

ORGANISATION DE L'UNIVERSITÉ.

D'après ses chroniqueurs et principalement ceux
du xviie et du xviiie siècle, l'Université de Paris re-
monterait à Charlemagne qui en serait le fondateur.
Mais, en réalité, tout au plus peut-on attribuer au
grand Empereur une espèce de paternité légendaire,
et M. Jourdain, le dernier et le plus impartial des
historiens de l'Université, montre combien est peu

---

(1) Le mot écolier a aujourd'hui complétement perdu son
sens primi* *; c'est pour cela que nous avons cru devoir conserver l'ancienne orthographe. Au Moyen Age cette appellation
s'étendait à tous ceux qui faisaient partie des Universités à
un titre quelconque. A partir du xvie siècle, il fut remplacé par
celui de « suppôt, » de l'Université. Actuellement le mot étudiant
ne s'applique qu'aux jeunes gens suivant les cours. L'expression « Ecole de Droit » a seule survécu, encore a-t-elle une
tendance à disparaître pour être remplacée par celle de Faculté.

fondée la longue et laborieuse thèse de du Boulay (1),
qui aboutit à la conclusion que nous venons d'indiquer.

Les véritables commencements de l'Université se
trouvent dans les grandes écoles de Paris qui se
forment peu à peu en corps vers le milieu du XIIe
siècle. Bien avant cette date, sans doute, il y a
déjà des écoles et un grand concours d'Escholiers
et de Maîtres. Guillaume de Champeaux et Abailard
attirent autour de leur chaire un nombre immense
d'auditeurs; partout on voit se développer, naissant
d'une spontanéité générale, des associations entièrement libres vis-à-vis de l'Etat, ou un enseignement
individuel d'une indépendance qui serait de nature
à nous surprendre, si, à côté de cette initiative col-
lective ou isolée, on ne reconnaissait, se dissimu-
lant parfois, mais demeurant sans cesse présente,

---

(1) César Egasse du Boulay (*Egassius de Bulœo*), Greffier, puis
Recteur de l'Université de Paris, mort en 1678, a écrit une histoire de l'Université formant six énormes volumes in-folio et
en latin. Elle s'arrête à l'année 1600. A moins de l'avoir longtemps compulsée, il est difficile de se faire une idée, et de
ce qu'on peut y trouver et de la difficulté que ce travail de
recherche présente. Il a fait aussi plusieurs autres ouvrages
sur l'Université.

Crevier (1693-1765), le continuateur de Rollin, a résumé, ou
plus exactement, tiré des six volumes de du Boulay, la matière
d'une *Histoire de l'Université* en sept vol. in-12, en français.

La majeure partie des détails qui suivent, étant tirés des
trois premiers volumes de ces deux auteurs, nous avons voulu
les indiquer ici pour éviter de continuels et monotones
renvois.

l'autorité des papes et de l'Eglise, très-large, très-suave, mais ferme à propos et d'une légitimité toujours incontestée.

Toutefois, ce n'est que vers 1140 que des faits, des règlements primitifs montrent l'agglomération des Maîtres et des Escholiers en un même corps. Douze Ecoles s'élèvent sous douze Maîtres indépendants les uns des autres, quelques-uns laïques, mais tous sous la maternelle autorité de l'Eglise. L'affluence devient bientôt plus grande encore et si, la statistique n'existant pas à cette époque, le nombre des Escholiers ne peut être indiqué en chiffres, même de la manière la plus approximative (1); tout au moins les historiens du temps, et notamment le savant Filesac (*Filesacus*), nous disent-ils que ce nombre arriva, dans le cours du xiiie siècle, à égaler et même à dépasser celui des habitants de Paris (2). Toutefois, cette formation de l'Université est très-lente, comme celle de toutes les grandes institutions, et il

---

(1) Il n'y a que l'Université de Bologne, pour laquelle nous ayons trouvé un chiffre que nous donnons pour ce qu'il vaut : vers 1200, lorsque le célèbre jurisconsulte Azon y enseignait, sa réputation aurait attiré jusqu'à 10,000 Escholiers. Incidemment, du Boulay (vol. 3, an 1200), dit qu'en 1209 il y en avait 3,000 à celle d'Oxford.

(2) Des renseignements peu sûrs, disent Desobry et Bachelet, portent le chiffre de la population parisienne à 215,860 dès la fin du xiiie siècle. — D'après Elisée Reclus, le nombre des étudiants de Paris aurait été de 9,200 en 1876, dont 5,000 en médecine.

faut arriver au XIIIe siècle pour trouver aussi bien le nom que la chose.

La chose est consacrée en 1200 par la Charte de Philippe-Auguste, à laquelle nous reviendrons dans un instant et qui, accordant aux Escholiers des privilèges tout à fait exceptionnels, les organise par cela même en un corps distinct et à part. Les bulles d'Innocent III (1209-1210) et les statuts de son légat Robert de Courçon (1215), qui coordonnent les études, tendent à compléter cette organisation à tous les points de vue.

Le nom apparaît pour la première fois peut-être, en 1209, dans l'affaire d'Amaury de Chartres (1). Ce qu'il y a de certain, c'est que l'acte le plus ancien fait par l'Université en corps, acte en date de 1221, contenant donation d'un emplacement aux Dominicains, établis depuis quatre ans à Paris, commence par ces mots : « *Nos, Universitas Magistrorum et Scholarium Parisiensium.* »

Ainsi donc, dès la première année de ce grand siècle, pendant lequel nous allons la considérer,

(1) Ou de Béna (pays Chartrain) Amalricus a Benis. Il avait enseigné l'hérésie albigeoise et notamment qu'un péché, si énorme fût-il, cessait d'être tel et par suite digne de châtiment, si celui qui le commettait avait la charité. Condamné successivement par l'Université et par le Pape, il mourut en 1207. Deux ans après, on découvrit, à n'en pouvoir douter, que sa soumission n'avait été qu'apparente. Aussi exhuma-t-on de la terre consacrée, pour les jeter à la voirie, les restes immondes de celui qui est redevenu un héros de la libre-pensée moderne.

l'Université se trouve, en fait, constituée, et, peu de temps après, ce nom, par lequel elle sera désormais exclusivement désignée durant six siècles, fait à son tour son apparition.

Si l'Université est constituée et forme un corps, la première question qui doive attirer notre attention est celle de son organisation, du moins quant aux grandes lignes. Et tout d'abord, comment les Escholiers, dont nous avons vu que le nombre était si considérable, étaient-ils divisés et répartis? Nous rencontrons ici une division qui, aujourd'hui, nous paraît étrange et qui n'est plus usitée nulle part, après avoir été la seule connue et pratiquée dans l'antiquité et aussi pendant le Moyen Age, jusque vers le milieu du xiiie siècle, époque à laquelle apparaissent les Facultés. Cette division, c'est la division en Nations. « Une nation, disent Crevier et du Boulay, était une réunion de Maîtres, professant n'importe sur quelle matière, et d'Escholiers recevant leur enseignement, mais inscrits sur le même registre, suivant les mêmes usages et ayant le même Procureur. » A la tête de chaque Nation, en effet, se trouve, comme nous l'allons voir, un haut dignitaire qui porte ce nom.

Cette division, avons-nous dit, paraît aujourd'hui bizarre, et l'on s'explique difficilement comment, après avoir devancé de beaucoup celle en Facultés que nous trouvons si naturelle, elle n'a pas laissé que de coexister très-longtemps avec cette dernière. Et que l'on ne vienne pas dire, comme on le fait généralement, qu'elle tire simplement son origine de la disposition naturelle des Escholiers à se grouper d'après leur nationalité; nous allons voir, en effet, que dans chaque Nation se rencontraient pêle-mêle des personnes des pays les plus différents.

Ce qui nous semble probable et plus plausible, c'est qu'au début Maîtres et Escholiers se trouvant en petit nombre et presque exclusivement originaires du royaume ou des pays les plus voisins, purent effectivement se grouper d'après leur nationalité. Plus tard, les nouveaux venus, trouvant des noyaux distincts, formés et organisés, se confondirent avec eux, sans songer à en former eux-mêmes de nouveaux.

Quoi qu'il en soit, cette subdivision était bien antérieure à l'Université, car nous la trouvons déjà usitée sous l'Empire romain, à l'Académie d'Athènes, Elle se composait, en effet, des Nations Attique, Orientale, Arabique et Pontique, ayant chacune à leur tête un Ἐπιστάτης comme plus tard les quatre préfectures de l'Empire, un *Præfectus*. D'autre part, le bibliothécaire Anastasius nous apprend que lorsque Charlemagne ramena en triomphe le pape Léon III à Rome, les quatre écoles des Francs, des Frisons, des Saxons et des Lombards, dont se composait l'école de Rome, allèrent solennellement à sa rencontre avec leurs *Patroni* en tête.

A quelle époque cette division fut-elle adoptée à Paris; c'est ce qu'il serait difficile de préciser, bien que du Boulay s'évertue encore à démontrer qu'elle remonte à Charlemagne. Une chose est au moins certaine, c'est qu'il n'y en eut d'abord que deux; mais il ne tarda pas à s'en former deux autres, et ce nombre de quatre devint définitif. Nous trouvons donc au xiiie siècle la Nation *de France* de beaucoup la plus nombreuse, ayant pour patron saint Guillaume de Bourges, à laquelle appartenaient, outre les Français, les Italiens, les Espagnols, les Grecs et les Orientaux en général. La Nation *Anglaise*, qui pendant la guerre de Cent ans reçut et conserva le nom de Nation *Allemande*, comprenant, avec les Anglais et les Allemands, les Ecossais, les Irlandais, les Polonais, les Danois et autres habitants du Nord. Elle avait deux patrons : saint Charlemagne (dont la canonisation est à la vérité des plus douteuses, mais qui est au moins de sainte mémoire), et saint Edmond. Postérieures en date et inférieures en nombre, venaient ensuite la Nation *Picarde* et la Nation *Normande*, dont les patrons étaient saint Firmin d'Amiens et saint Romain. Disons ici que l'Université en corps avait pour patrons saint Nicolas, sainte Catherine de Sienne et la Bienheureuse Vierge Marie, dont elle devait plus tard, comme chacun le sait, proclamer la Conception Immaculée bien avant la définition dogmatique. Tous les samedis (ce jour lui a toujours été consacré), Maîtres et Escholiers étaient invités à assister à la messe et aux vêpres en son honneur.

Mais quant à la prééminence, l'ordre des Nations n'était plus celui que nous venons d'indiquer. Il y eut souvent à ce sujet des querelles extrêmement vives et même des batailles sanglantes. En 1280 encore, la Nation Anglaise fit très-vivement valoir ses droits au premier ou au moins au second rang, comme ayant existé avant toutes les autres et du temps même de Charlemagne. Cependant, l'ordre généralement adopté était le suivant : la Nation de France venait la première, l'Université existant en terre de France ; puis les Nations Picarde et Normande, la Picardie ayant été française de très-bonne heure et la Normandie l'ayant été jusqu'au règne de Charles-le-Simple et même jusqu'à la bataille d'Hastings. La Nation Anglaise ou Allemande n'était donc que la quatrième.

Fixer la date exacte de l'origine de ces Nations est, nous l'avons dit, impossible ; mais quoiqu'il en soit, à la fin du XIIe siècle elles sont organisées et existent depuis longtemps déjà, avec des règles, des usages et des traditions non encore écrits en général, mais néanmoins parfaitement observés.

A la tête de chacune se trouve un Maître choisi parmi les plus méritants. Il reçoit le nom de *Procurator*, Procureur de la Nation. Les fonctions des Procureurs n'étaient pas une sinécure ; elles consistaient à administrer, à organiser les ressources de l'Université des écoles et à leur assurer des Maîtres capables ; à recevoir les nouveaux arrivants, et, d'une manière générale, à s'occuper des intérêts intellectuels et matériels des Escholiers et spécialement du service si important des Messagers. Enfin, c'était par eux, comme nous l'allons voir, qu'était élu le Recteur.

Le Recteur, déjà à cette époque, mais bien plus encore dans les siècles qui suivirent, était une véritable puissance. Il est difficile de préciser à quelle époque il apparaît pour la première fois, quoique du Boulay, fidèle à son système, le fasse remonter lui aussi à Charlemagne , s'efforçant de le prouver dans une longue dissertation de plusieurs pages in-folio serrées. Bornons-nous à constater qu'il est formellement désigné dans l'édit de Philippe-Auguste de 1200; bien que le mot ne s'y trouve pas. Ce n'est, en effet, que peu à peu et dans le courant du siècle qui nous occupe, que ce mot de Recteur, d'abord synonyme de régent, dont le sens étymologique est le même , se spécialisa et ne désigna plus que le chef de l'Université. Dans la lettre aux Prélats de France , écrite en 1253 par l'Université , au sujet de sa grande lutte avec les ordres mendiants, se trouve cette expression : Notre Recteur, le Recteur de notre Université.

Ainsi, du reste, que les Procureurs des Nations, le Recteur ne pouvait être choisi que parmi les Maîtres ès Arts , aussi prétendit-on quelquefois, dans le cours de notre siècle, le réduire à la simple qualité de chef de cette Faculté. Tous les historiens sont d'accord sur ce point et voici du reste comment s'exprime à ce sujet l'un d'eux, Belleforest (1), *Belforestius* selon le langage du temps :

« L'Université de Paris au commencement n'était que pour les Arts, et les autres sciences y sont survenues comme accessoires;

---

(1) De Belleforest, né en Guienne en 1530, mort à Paris en 1583. Cet écrivain était si fécond que l'on disait qu'il avait des moules à faire des livres, mais on ne disait pas que ces moules fussent bons. Nous avons en effet de lui une multitude d'ouvrages dont plusieurs in-f°. Citons seulement ses *Annales* ou *Histoire générale de France.*

d'où il est venu que du seul corps des Arts on choisit le Recteur et les Procureurs des Nations. Et il faut noter qu'encore qu'à Paris il y ait quatre Facultés parfaisant le corps de l'Université, à savoir : de Théologie, de Décret, de Médecine et des Arts, sy est-ce que la première institution de l'Eschole ayant été dressée par les Arts, il n'est aussi loisible d'élire le Recteur que de la Faculté des Arts; lequel néanmoins a puissance en ce qui est de la police de l'Eschole et sur les Théologiens, et sur les Décrétistes, et sur les Médecins.

On lit la même chose dans les *Antiquitates Parisienses.*

Le Recteur, en raison des charges nombreuses qui lui incombaient, changeait tous les trois mois. Pendant quelque temps même, on s'habitua à le renouveler tous les mois ou toutes les six semaines, mais en 1266, selon Crevier, 1275 selon du Boulay, le cardinal de Sainte-Cécile fit un statut pour mettre fin à cet abus en même temps qu'à plusieurs autres. A partir de la Ligue, et bien que les élections eussent toujours lieu tous les trois mois aux dates fixées (1), l'usage s'introduisit peu à peu de conserver le même Recteur, six mois, neuf mois, un an, deux et même trois.

Les élections se faisaient avec une grande solennité. Les quatre Procureurs juraient, devant les Nations réunies, d'élire le plus digne; après quoi ils étaient enfermés dans une salle spéciale où il était défendu à qui que ce fût d'entrer sous un prétexte quelconque. Défense leur était faite à eux-mêmes de

---

(1) Ces dates étaient les fêtes de Notre-Dame de Mars, de saint Jean-Baptiste, de saint Denys et de Noël.

boire ni de manger avant d'avoir terminé l'élection.
En même temps, on allumait une chandelle de cire
d'un poids déterminé ; lorsqu'elle s'était consumée,
il fallait qu'ils eussent fait leur choix au moins à
trois voix de majorité ; faute de quoi, ils faisaient
prier le Recteur sortant de venir se joindre à eux.
Celui-ci prenait part au vote, selon certains auteurs,
ou simplement leur donnait de sages conseils selon
d'autres. Si néanmoins une majorité ne pouvait se
former, les Procureurs sortaient et les Maîtres ès
Arts désignaient quatre électeurs, un de chaque
Nation, pour les remplacer. Ces quatre électeurs, qui
recevaient le nom de *quatuor Viri, quatuor Electores,*
ou plus généralement d'*Intrantes*, avaient en outre
quelques autres fonctions assez mal définies. Au
besoin il en était désigné quatre autres jusqu'à ce
que l'élection fût faite (1). Le Recteur sortant pouvait être renommé, mais il fallait alors que ce choix
fût approuvé par les Nations, tandis qu'il n'en était
pas de même s'il en était élu un nouveau.

Ce mode d'élection, comme on le voit, rappelait celui
des Souverains Pontifes et, du reste, on le trouve parfois désigné sous le nom de conclave. Il se maintint
pendant tout le XIIIe siècle et bien au delà, sauf toutefois, à partir de 1280 environ, quelques modifica-
tions qu'il serait trop long d'exposer. Ce n'est du
reste qu'à partir de cette date que toutes les circons-

---

(1) La plupart de ces détails sont tirés de la *Cosmographie*
de Munster, de Bellelorest, citée par du Boulay, 1, 283.

tances en furent réglementées et définitivement adoptées.

C'est ainsi que les choses devaient se passer normalement, mais parfois, et le statut dont nous avons parlé en fait foi, il y eut des abus, des violences, et quelques élections furent faites à coups d'épée. D'autre part, deux ou trois fois dans le cours du XIIIe siècle, des dissensions intestines se produisirent au sein de l'Université et pendant quelque temps il y eut deux Recteurs s'anathématisant l'un et l'autre. L'intervention du Pape et de ses Légats mit fin à ces divisions.

La nomination du Recteur était suivie d'une grande procession, à laquelle prenait part toute l'Université, et d'une messe solennelle dite par le Doyen de la Faculté de théologie, quand il y en eut un.

Les charges qui incombaient au Recteur étaient, avons-nous dit, fort nombreuses : il devait surveiller l'ensemble de l'administration si compliquée des Procureurs, intervenir personnellement toutes les fois que l'un quelconque des droits ou priviléges de l'Université était en péril. Or, cela arrivait très-fréquemment et entraînait parfois des démarches sans nombre.

La haute direction des colléges, la garde des archives réclamaient aussi tous ses soins. Enfin, c'était lui qui avec les Procureurs nommait les bas officiers, et même le Syndic de l'Université.

Mais si les charges étaient multipliées, les honneurs ne l'étaient pas moins. Dans les cérémonies universitaires, il avait le pas sur qui que ce fût, même sur les Légats; dans les cérémonies publiques une des premières places lui était toujours réservée.

C'est ainsi qu'à l'enterrement des rois, il s'avançait seul à la gauche du cercueil, l'Evêque officiant et les autres Prélats étant à la droite. Dans ces occasions et par privilége royal, car primitivement cette couleur ainsi que l'écarlate était réservée à la Maison de France, il revêtait une robe de pourpre violette avec manteau et chaperon de même, fourrés d'hermine, tandis que les Procureurs avaient droit à la pourpre écarlate. Nos Recteurs modernes, bien pâle copie des Recteurs d'Université, ont encore la robe violette. D'autre part, lorsque l'Université ou les citoyens se portaient hors de la ville, à la rencontre de quelque personnage illustre, le Recteur n'était pas tenu de se joindre à eux, à moins qu'il ne s'agît du Pape ou du Roi.

Après le Recteur, les Procureurs et les *Intrantes*, venaient successivement le Conservateur Apostolique, dont les historiens parlent fort peu et définissent assez mal les fonctions, le Syndic de l'Université, créé en 1203 et exclusivement chargé de s'occuper des nombreux procès, litiges et difficultés litigieuses de toutes sortes qu'avait l'Université. Citons enfin les Maîtres dont nous aurons bientôt à parler longuement, le Scribe, les grands et les petits Messagers, les quatre Libraires, les quatre Parcheminiers jurés et les serviteurs de l'Université, expression générale comprenant tout le personnel inférieur et notamment les *Bidelli* ou Bedeaux, sorte d'Appariteurs dont il est très-fréquemment fait mention.

Arrêtons-nous un instant aux Messagers dont le rôle à cette époque était de la plus haute importance

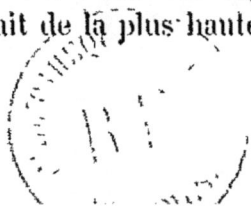

au point de vue matériel. Les *Nuntii Minores* appelés aussi *viatores* et primitivement *Missi Academici*, apparaissent dès l'origine de l'Université. Du Boulay les définit ainsi : ... *qui ad parentes a scholaribus delegantur ut pecuniam et cœtera quæ ad victum et vestitum necessaria sunt ad Lutetiam afferent.* Il n'est pas besoin de vous faire remarquer, en effet, qu'à raison de la difficulté des communications il ne fallait pas, lorsque l'on se déterminait à venir faire ses études à Paris, compter revenir régulièrement dans sa famille comme cela se pratique aujourd'hui. A moins qu'il ne fût originaire de la région avoisinant Paris, ou à moins de circonstances exceptionnelles, l'Escholier restait à Paris jusqu'à la fin de ses études, c'est-à-dire souvent pendant plusieurs années. D'autre part, il n'existait aucun service présentant la moindre analogie avec celui des postes ; quant au commerce, il était à peu près nul et dans tous les cas fort irrégulier ; et cependant les escholiers, même avant de devenir aussi nombreux qu'au XIII⁰ siècle, ne pouvaient rester sans communications avec leurs familles.

C'est pour répondre à cette absolue nécessité que furent organisés les Messagers. Irréguliers à l'origine et envoyés tantôt dans une province et tantôt dans une autre par les Procureurs des Nations, ils ne tardèrent pas à former un corps spécial et à faire un service autant que possible périodique. Dès le début, nos rois, si soucieux de favoriser le développement de l'Université, dont plusieurs furent du reste les élèves, leur accordèrent de nombreux priviléges, tels qu'immunité d'impôts, de péage, etc., etc.; ce qui rendait cet office assez recherché.

D'autre part, le public se mit bientôt à en user et le Parlement, quand il fut devenu sédentaire, les employa également « *ad ferendos referendosque litium processus, pecunias et alia ejusmodi in usum et commodum tam litigatorum quam negotiatorum.* »

A partir de ce moment, peut-être même l'étaient-ils auparavant, ils furent assermentés. En cas d'abus ou de fautes par eux commises, les Procureurs n'hésitaient pas à les casser de leur emploi. C'est ainsi qu'on lit dans les actes de la Nation de France, à la date du 17 septembre 1441, Joannes de Oliva procureur : « *Ad requestum D. Ludgunensis (archiepiscopi) revocavit Natio mater mea quinque Nuntios de diocesi Lugdunensi qui erant abusores privilegiorum, scilicet Jo. Mussyen, Lud. Foyol, Jacob. Guimeux et Philip. Pillet, et voluit Natio quod Petrus de Villaviciosa solus remaneret Nuntius eo quod erat bonus et fidelis dictæ Universitati. Alios autem declaravit privatos et perjuros.*

Les grands Messagers, *Nuntii Majores* furent peut-être, en fait, antérieurs aux petits; mais cependant leur organisation définitive semble postérieure à celle de ces derniers.

Il y avait, en effet, des Escholiers dont le pays d'origine était beaucoup trop éloigné pour qu'on pût y envoyer régulièrement des Messagers, et dans tous les cas, le voyage était de très-longue durée. Il fallait vivre pendant ce temps; on s'adressa à des bourgeois de Paris et il leur fut demandé que « *præstita cautione, scholaribus subministrarent eisque loco parentium essent.* » Ces bourgeois, une fois le service organisé, reçurent le nom d'*Archinuntii* ou de *Nuntii Majores.* Ce n'étaient pas, en effet, de simples employés comme les petits Messagers ; ils devaient être bourgeois de Paris, avoir une certaine fortune et une certaine position ; de plus ils ne relevaient que de l'Université et n'avaient point de rapports avec le public ; enfin, ils assistaient aux réunions de corps de l'Université.

Eux aussi jouissaient de certains priviléges ; ils étaient par exemple dispensés de quelques impôts et des *excubiæ* urbaines ou patrouilles de nuit. L'usage s'établit de n'en avoir qu'un pour chaque diocèse.

En 1478, ils demandèrent et obtinrent de l'Université le droit de se constituer en corporation spéciale, ayant la Vierge Marie et saint Charlemagne pour patrons, avec une belle chapelle au couvent des Mathurins ou Trinitaires.

Il convient maintenant, et avant de considérer l'Université dans son ensemble, de dire quelques mots de deux hauts dignitaires que nous avons omis dans notre énumération, parce que si bien ils avaient des fonctions universitaires d'une grande importance ; cependant et à proprement parler, ils ne faisaient pas partie de l'Université. Nous voulons parler du Chancelier de l'Église de Paris et de celui de l'abbaye de Sainte-Geneviève. Quelques détails sont ici nécessaires.

Jusqu'au xiie siècle, et tant que les hommes instruits furent très-rares, ouvrait une école qui voulait,

comme à Athènes. Mais un pareil état de choses ne
pouvait évidemment persister, et, dès le milieu du
xiie siècle, pour pouvoir enseigner, il faut y avoir été
autorisé par le Chancelier ou Scholastique du diocèse
où l'on veut s'établir. Celui qui a obtenu cette per-
mission ou *licence* est dit *licentiatus*. Pour que cette
mesure, destinée à prévenir des abus faciles à comprendre, n'en produisit pas elle-même, les Papes et
les Conciles (1) prescrivirent, à plusieurs reprises,
sous les peines les plus sévères et même l'excommunication majeure, de ne refuser sous aucun prétexte
cette autorisation à quiconque en serait digne, et de
l'accorder partout et toujours gratuitement (2).

Or, les écoles de Paris, après avoir été d'abord
dans les bâtiments de Notre-Dame, de l'Abbaye de
Sainte-Geneviève et dans leur voisinage immédiat,
s'étendirent peu à peu dans l'île et sur la rive gauche,

---

(1) Conciles de Latran (1079), de Londres (1138), ètc. Décrétale
d'Alexandre III.

(2) Disons ici, pour n'avoir pas à y revenir, qu'il est impossible, pour quiconque n'a pas étudié cette matière, de se faire
une idée, même approximative, du nombre de décisions, de
recommandations, de règlements, d'actes, de fondations, éma-
nant directement des Papes et des Evèques, ou inspirés par
eux, tendant uniquement à la diffusion et à la gratuité de l'instruction. Du Boulay seul en cite ou en indique des centaines.
On ne saurait trop le répéter : l'Eglise s'est posé la question
de l'enseignement gratuit et à la portée de tous (pas obliga-
toire), bien avant nos politiciens modernes; et, avec l'aide de
la charité catholique, elle avait su la résoudre autant qu'elle
peut l'etre, sans froisser et sans opprimer ni les personnes, ni
les croyances.

sans sortir cependant de l'une ou l'autre des deux circonscriptions. Les unes se trouvaient ainsi sur le territoire de la Cathédrale, les autres sur celui de ·l'Abbaye. Par conséquent, et d'après ce que nous venons de dire, il est facile de voir quel rôle important les Chanceliers de ces deux églises jouaient dans l'Université, bien qu'à proprement parler, ils n'en fissent pas directement partie. Quiconque, en effet, voulait enseigner à Paris, était dans la nécessité absolue de s'adresser tout d'abord à eux pour en obtenir la licence. La formule dont ils se servaient pour cela le fait bien ressortir par ces termes pompeux : « *Ego auctoritate apostolica qua fungor in hac parte, do tibi potestatem docendi, regendi, interpretandi, omnesque actus scholasticos exercendi hic et ubique terrarum.* »

A ce pouvoir venait s'ajouter pour le Chancelier de Notre-Dame la juridiction sur tous les Escholiers et sur leurs serviteurs.

De très-bonne heure, en effet, les souverains décidèrent que pour toutes leurs affaires civiles les Escholiers ressortiraient de la juridiction ecclésiastique. Frédéric-Barberousse, dans l'authentique *Habita* (1158), le décida ainsi pour l'Université de Bologne et cet exemple fut généralement suivi. Les chroniqueurs ajoutent du reste que ce n'était là que la confirmation d'un usage déjà ancien (1). Mais ce

---

(1) Il y aurait beaucoup à dire à ce sujet et de curieux détails à donner, mais il faudrait y consacrer plusieurs pages et cela nous entraînerait trop loin.

qui était à peu près spécial à l'Université de Paris,
c'est que ses Escholiers étaient également justiciables
des tribunaux ecclésiastiques ou criminels. La justice
séculière pouvait tout au plus arrêter les coupables,
mais pour les remettre de suite aux gens de l'Evêque. Ce privilége extraordinaire fut concédé à l'Université par cet édit de Philippe-Auguste de 1200,
dont il a été parlé ci-dessus.

Par suite, les Escholiers, clercs du reste pour la
plupart, se trouvaient traités comme les ecclésiastiques. Mais il y avait plus et leur situation était encore meilleure. D'après l'édit, en effet, les bourgeois
de Paris devaient jurer que si le hasard les faisait
assister à une querelle entre un laïque et un Escholier, bien loin de s'esquiver, ils observeraient curieu-
sement ce qui se passait pour pouvoir en témoigner
en justice. *Ne se substrahat aliquis, ne videat*, porte
l'édit. Ils ne devaient intervenir que si la querelle
s'envenimant, on en venait à échanger autre chose
que des coups de pied et de poing.

Enfin, le Chancelier de Notre-Dame avait, concur-
remment avec le Recteur après l'avoir eu seul à l'origine, le droit de retrancher de l'Université les Escholiers malveillants et incorrigibles. On s'explique
aisément dès lors qu'il soit à chaque instant question
du Chancelier de l'Eglise de Paris dans les histoires
de l'Université. Il n'y a pas à s'étonner non plus de
voir fréquemment et spécialement dans les premières
années du xiiie siècle, des conflits sérieux surgir
entre l'Université et lui.

Des hommes de haute valeur occupèrent souvent

ce poste. Nous citerons seulement ici le célèbre Petrus Comestor, Pierre-le-Mangeur, le mangeur de livres par sa dévorante lecture, qui avait été d'abord Doyen de Troyes et qui mourut saintement dans la retraite, au monastère de Saint-Victor, en 1179, selon les uns et 1198 selon d'autres.

Pour en finir avec le Chancelier de Notre-Dame, disons qu'il n'était pas tellement indépendant de l'Université qu'il ne dût, lors de sa nomination, jurer devant l'Evêque, le Chapitre et deux Maîtres ès Arts, de n'accorder la licence qu'à ceux qui en seraient dignes et sans percevoir le moindre droit.

Si maintenant, avant de passer au fonctionnement de l'Université comme corps enseignant, nous nous arrêtons un instant à la considérer dans son ensemble, nous serons de suite frappés par le caractère d'autonomie et d'indépendance que son organisation révèle. Le pouvoir royal, ou pour employer la phraséologie moderne, l'Etat, n'intervient jamais, si ce n'est de loin en loin et seulement pour accorder des priviléges ; des prétendus droits qu'on voudrait lui reconnaître aujourd'hui en matière d'enseignement, il n'est alors pas même question. Mais si l'indépendance a de grands avantages qui la rendent précieuse, comme toute chose en ce monde elle n'est pas aussi sans quelques inconvénients. L'on ne doit rien à personne, personne n'a de droit sur vous, mais aussi personne ne vous doit rien. Cela revient à se demander quelles étaient les ressources de l'Université soit comme corps, soit individuellement dans la personne de ses dignitaires et de ses Maîtres.

Comme corps, l'Université, jusqu'à Richelieu, ne fut jamais riche, et à l'époque qui nous occupe nous ne voyons pas qu'elle possédât rien. Cependant elle avait des procès ; nous avons vu qu'en 1203 avait été créé un Syndic pour les soutenir et les procès ont toujours coûté cher. Nous voyons aussi le pape Innocent IV autoriser Guillaume de Saint-Amour, syndic, à retirer sur les biens de l'Université les avances qu'il avait faites pour divers procès, notamment pour celui avec les Dominicains, et à hypothéquer ces biens pour la garantie d'un emprunt de trois cents livres tournois. Quels étaient ces biens? Crevier dit n'en rien savoir, et du Boulay ne se pose même pas la question.

D'autre part, un peu plus loin ce même auteur nous dit formellement que l'Université n'avait rien, et que lorsqu'on avait besoin d'argent les Maîtres se réunissaient et contribuaient de leurs deniers selon ce qui était décidé. On appelait cela, ajoute-t-il, « *vocabant corrupte facere currere bursam.* » C'était là une source fréquente de troubles et de dissensions, car souvent les dépenses faites ou à faire n'étaient pas approuvées par tous. Aussi, par une bulle du mois de mars 1283, le pape Martin IV, qui avait étudié à Paris et qui se souvenait de cette pénurie, décida que tous les Escholiers, sans exception, seraient tenus de remettre chaque semaine deux sols parisis à l'Abbé ou au Chancelier de Sainte-Geneviève. Ceux-ci devaient les transmettre à leur tour au Recteur, aux Procureurs des Nations ou aux Doyens quand il y en

eut. Les récalcitrants pouvaient être frappés de cen-
sures.

Enfin, lorsque les Facultés s'organisèrent, c'est-à-
dire pendant la seconde moitié du xiiᵉ siècle, elles décidèrent qu'un prélèvement serait fait à leur profit
sur les droits, très-légers du reste, que l'on devait
payer pour l'obtention du baccalauréat et de la maîtrise ou du doctorat.

Quant aux dignitaires, en dehors du Recteur au
profit duquel était perçue une taxe fort minime sur
le parchemin, leurs fonctions étaient gratuites.

Nous avons à résoudre maintenant la question du
traitement des Professeurs. Le professorat n'était
pas à cette époque une carrière réglée, à la fois ho-
norable et lucrative; et ceux qui s'y vouaient savaient
fort bien qu'en dehors de la considération et des
jouissances intellectuelles et à moins de talents émi-
nents, ils n'avaient guère autre chose à prétendre.
Mais encore fallait-il vivre, avoir ce dont il est parlé
souvent dans les chroniques, *victum vestitumque*.

Il est d'abord un point qui paraît absolument certain, c'est qu'il n'y avait pas pour les Professeurs
de traitement quelconque fixe payé par l'Etat. A la
vérité du Boulay, dans une de ces dissertations lon-
gues et compendieuses qui lui sont familières, s'ef-
force de prouver le contraire; mais il est bon de
faire remarquer que ni dans cette partie de son ouvrage ni nulle part ailleurs, il ne cite à l'appui de ce
qu'il avance un seul fait, un seul exemple (tiré
de notre histoire nationale s'entend; il assure en
effet qu'Athalaric, roi des Ostrogoths, avait assigné

à divers Professeurs de son temps un traitement annuel prélevé sur les revenus du fisc). Que nos rois se montrassent pleins de libéralité à l'égard des Maîtres, qu'ils vinssent fréquemment à leur aide par des secours en nature ou en argent, en leur conférant des bénéfices, etc., c'est incontestable; mais qu'ils eussent organisé à leur profit un système d'appointements fixes, prélevés sur le rendement des impôts, c'est ce qu'il est permis de nier absolument jusqu'à nouvel ordre. Comment d'ailleurs aurait-il pu en être autrement, leur nombre étant resté indéterminé et instable pendant tout le courant du xiiie siècle si ce n'est, à partir de 1207, celui des Maîtres en théologie et encore (1).

Mais s'il n'y avait pas de traitements fixes pendant le siècle que nous étudions, il y en avait bien l'équivalent. D'abord et pour les Professeurs commençant à se faire connaître, il y avait les bénéfices et les fondations. Nous voyons par exemple, en 1229, quatorze ans après la création de l'Université de Toulouse, la reine Blanche, régente, imposer au comte Raymond VII, entre autres clauses du traité de Meaux, l'obligation de donner pendant dix ans 4,000 marcs d'argent pour entretenir quatre Maîtres en théologie, deux en droit canon, six ès Arts et deux Régents de grammaire.

Quant aux bénéfices, depuis Charlemagne qui, dans

(1) A cette époque, en effet, Innocent III décida qu'il n'y en aurait pas plus de huit.

une scène bien connue, les promet comme récompense à ceux qui feront le plus de progrès, on en voit toujours une large part réservée aux Escholiers sérieux. Les Légats, et généralement ceux qui avaient des bénéfices à donner ou encore ceux qui avaient le droit de présentation, devaient choisir principalement des professeurs ou même des Escholiers proprement dits, et non pas seulement de ceux en théologie, mais aussi des autres. C'est ainsi que Jean XXII, dans une lettre qu'il adresse en 1317, à tous les Evêques et collateurs de bénéfices, leur recommande tout particulièrement de ne pas oublier les Maîtres et Escholiers de l'Université de Paris, de laquelle il fait un grand éloge.

Voici, au surplus, ce que dit à ce sujet du Boulay en parlant seulement du XIIIe siècle : « *In isto sæculo similiter Academici tanto numero ad omnis generis beneficia promoti sunt, ut nulla quantumvis accurata diligentia perscribi possunt.* » Et dans cette lettre de 1253, que nous avons déjà citée, l'Université dit aux Prélats de France : « *Credo quod hodie non sit prælatus inter vos qui de hac Universitate non sit assumptus.* »

Parmi les seuls disciples d'Abailard, dont le nombre était il est vrai considérable, se forment *vingt Cardinaux*, plus de *cinquante Evêques*, le pape Célestin II, l'antipape Anaclet (Pierre de Léon), l'évêque Othon de Frisingue, fils du margrave d'Autriche, petit-fils, frère et oncle de grands Empereurs, etc., etc. Et il y avait d'autres Universités que celle de Paris.

A un autre point de vue, nous voyons encore le

pape Alexandre III, par une. lettre de février 1183, accorder à Girard-la-Pucelle, professeur à l'Université, la dispense de résidence pour les bénéfices qu'il avait en Angleterre, tant qu'il continuerait d'enseigner. Cette faveur ne tarda pas à se généraliser, et bientôt le travail des écoles, *militia in scholis*, figure, aussi bien pour les Maîtres que pour les escholiers, parmi les motifs légitimes, très-rares alors qui dispensaient de la résidence.

Disons enfin, qu'encore qu'il n'y eut aucune obligation à cet égard, beaucoup d'Escholiers se faisaient un devoir d'offrir une rétribution à leurs Maîtres, surtout à ceux dont la situation pécuniaire l'exigeait. C'est ainsi qu'Abailard, qui était absolument sans fortune et qui, dans sa lettre première à Héloïse, nous apprend que s'il n'avait pas professé il lui aurait fallu mendier; Abailard, devenu moine, construisit et enrichit son monastère du Paraclet avec ce que lui avaient donné et ce que lui donnaient encore les Escholiers. Mais il faut croire que son éloquence et ses talents avaient à ce point de vue une vertu particulière; car voici le passage curieux que renferme la réponse d'Héloïse à la lettre que nous venons de citer : « ... *qui de beneficiis vivebant ecclesiasticis nec oblationes facere noverant sed suscipere, et qui manus ad suscipiendum, non ad dandum habuerant; hi in oblationibus faciendis prodigi atque importuni fiebant.* »

Plusieurs autres exemples prouvent que dans toutes les Universités l'on donnait aussi, mais à Paris plus que partout ailleurs.

II

DES ÉTUDES.

Arrivons maintenant à une partie plus importante : à l'enseignement qui se donnait dans l'Université.

Peut-être vous êtes-vous étonnés de ne pas nous entendre parler de la division en Facultés, après avoir traité de celle en Nations. La raison en est simple, et nous l'avons déjà indiquée : c'est que les Nations ont existé bien avant les Facultés. Que si, à la vérité, dès le début, le mot de *Facultates* se retrouve fréquemment dans les historiens, il est uniquement employé dans son sens étymologique et vrai de branche spéciale de science, et non pas dans celui de corps enseignant. Ce n'est guère, en effet, que vers 1260, au plus tôt, que ces dernières commencent à exister réellement, à former un corps distinct, ayant à sa tête un Doyen, et l'on peut dire que ce n'est qu'à partir de 1280 que cette organisation est complète et définitive (1). Même alors et pendant

(1) Nous voyons cependant Frédéric II fonder, en 1237, une Université à Vienne et la diviser à la fois en quatre Nations (Autrichienne, Rhénane, Hongroise et Bohémienne), et quatre Facultés avec Procureurs et Doyens. Il est vrai que, pour des causes que nous n'avons pas approfondies, cette Université ne dura pas et dut être reconstituée au xive siècle.

longtemps encore, les Facultés ne furent pas ce
qu'elles sont aujourd'hui, ce que sont du moins plus
particulièrement les Facultés de droit; c'est-à-dire un
corps de maîtres enseignant et d'élèves recevant cet
enseignement. Elles se composent exclusivement des
Maîtres, des Professeurs ; les Escholiers n'en font pas
partie. Et, à l'époque dont nous parlons, l'Université se décomposait ainsi : la Faculté des Arts, comprenant les Maîtres ès Arts et tous les Escholiers répartis dans les quatre Nations et les trois Facultés de
Théologie, de Décret et de Médecine. Celles-ci sub-
sistent encore aujourd'hui ; les progrès énormes des
sciences exactes ont amené, à tort ou à raison, la
subdivision de la Faculté des Arts en Faculté des
Lettres et Faculté des Sciences.

Cet état de choses assez bizarre ne pouvait subsis-
ter bien longtemps : aussi, dès le XIVe siècle, voyons-
nous la seule division actuellement possible s'établir
définitivement et les Facultés devenir ce qu'elles sont
aujourd'hui. La division en Nations persiste néanmoins et coexiste avec la nouvelle, en sorte que
chaque Escholier appartient à une Nation d'abord, et
ensuite suit les cours de telle ou telle Faculté. Mais
les Nations perdent infiniment de leur importance
primitive et, en fait, disparaissent ou à peu près, au
XVIIIe siècle.

Nous venons de le dire : la division en Facultés
est la seule qui nous semble possible, non pas seulement pour les temps présents, mais d'une façon
générale et dans tous les temps. Et cependant, nous
voyons cette division n'apparaître qu'assez tard dans

l'Université; nous voyons en outre qu'au début, ainsi le disent tous les chroniqueurs et notamment Belleforest (*supra*, p. 13), il n'existait que la seule Faculté des Arts. L'explication est facile : d'une part, nous avons vu comment s'expliquait la division en Nations; d'autre part, il ne faut pas oublier qu'au sortir des invasions des barbares et pendant les premiers siècles de formation, les sciences en général étaient bien loin d'être ce qu'elles sont actuellement. Ce que nous appelons spécialement les sciences n'existait pour ainsi dire pas : la langue, le droit coutumier, la médecine étaient en formation; le droit romain était à peine et mal connu. Il ne restait que l'étude du latin, la philosophie et la théologie. C'était beaucoup sans doute, c'était déjà assez et trop pour occuper toute une longue vie et rassasier les plus vastes intelligences; mais néanmoins, le champ était assez restreint pour qu'un seul homme pût arriver, dans une certaine mesure, à savoir à fond une grande partie de tout ce qui pouvait s'apprendre. On s'explique dès lors que pendant quelque temps une seule Faculté ait pu suffire et qu'il fût possible aux maîtres la composant d'enseigner à peu près tout ce qui se savait alors. Cette Faculté se nommait la Faculté des Arts et ces arts sur lesquels roulaient les cours étaient au nombre de sept : la grammaire, la rhétorique et la dialectique qui formaient le *Trivium*; l'arithmétique, la géométrie, la musique et l'astrologie qui formaient le *Quadrivium*. Tout rentrait dans un de ces sept arts, dont il ne faut pas du reste prendre les noms

à la lettre, excepté la théologie qui fut toujours en-
seignée à part et par des Maîtres spéciaux.

Il est facile de comprendre qu'un tel état de choses
ne pouvait durer. Les spécialistes de tout genre ne
tardent pas à apparaître, et de très-bonne heure le
cercle des connaissances humaines devient trop étendu
pour qu'une seule intelligence puisse l'embrasser.

L'étude de la théologie surtout prend bientôt à
Paris de grands développements, et devient la science
de prédilection de l'Université. La plupart des Universités étaient plus particulièrement réputées pour
l'étude d'une science ; si celle de Paris, à raison de
la grande affluence l'était pour toutes en général,
elle l'était cependant plus particulièrement pour la
théologie.

C'est pour n'avoir pas suffisamment tenu compte
de ce fait, que plusieurs historiens se sont laissé aller
à critiquer ou même à attaquer avec une grande vivacité diverses bulles pontificales (notamment d'Honorius III, en 1220) cherchant à restreindre ou même
interdisant à Paris, telles ou telles études, celle du
droit civil par exemple, dont l'exagération aurait porté
préjudice à la théologie. Pour qui voulait se consacrer au droit ou à la médecine, il était loisible d'aller
à Orléans, à Toulouse ou à Bologne ; à Salerne ou à
Montpellier ; ce n'était ni plus cher ni plus pénible.
C'est ainsi que saint Yves, et avec lui plusieurs autres, alla étudier le droit civil à Orléans après s'être
adonné à la théologie à Paris. Il n'y avait donc aucun
inconvénient à empêcher que cette reine des sciences
ne perdît la prépondérance à Paris.

Le droit canon est bientôt l'objet d'études et de travaux spéciaux, puis à la suite de la découverte des *Pandectes* à Amalfi (1133), l'étude du droit civil vient s'y joindre.

Bien que cultivée à Paris, dès la fin du xiie siècle, la médecine fait des progrès moins rapides. Cependant Rigord et Giles de Corbeil, médecins historiographes de Philippe-Auguste, nous assurent que de leur temps on pouvait très-bien l'apprendre à Paris sans aller à Salerne ni à Montpellier, alors que Jean de Salisbury écrivait le contraire quelques années auparavant (1160) (1). Dès le commencement donc du xiiie siècle les Facultés existent en germe. Bientôt les Professeurs enseignant une même science prennent l'habitude de se réunir entre eux. Ces réunions deviennent de plus en plus fréquentes ; à partir de 1245, ils commencent à faire des règlements spéciaux pour eux seuls ; en 1280, comme nous l'avons dit, les Facultés existent définitivement.

Pendant tout ce siècle et jusqu'à la découverte de l'imprimerie, l'enseignement est essentiellement oral.

---

(1) Un des plus anciens Professeurs connus est Hugues-le-Médecin, d'abord Maître ès Arts, mort en 1199. Un vieux chroniqueur cite son épitaphe que nous reproduisons ici pour que nos lecteurs plus sagaces que nous découvrent si elle constitue un panégyrique ou une épigramme :

Physicus excellens Hugo pietate refulgens,
Parisiis mortem non sustulit esse minacem.
Quadrivium docuit ac totum scire relinquit,
Anno millesimo, bis centum sed minus uno.

Sans doute, ordinairement, les Maîtres expliquent ou commentent un ouvrage. C'est ainsi, qu'on étudie les Pères en théologie, le Décret de Gratien, les Décrétales et les Pandectes en droit; Aristote, Priscien; Cicéron, Virgile, etc., dans la Faculté des Arts. Mais le plus souvent, d'une part, le Maître seul et quelques Escholiers peuvent avoir un exemplaire du livre; d'autre part, et surtout, les commentaires et les cours en arrivent fréquemment à constituer eux-mêmes un ouvrage nouveau, parfois d'une grande valeur.

Néanmoins, l'Université veillait avec soin à ce que les livres ou manuscrits fussent le plus répandus possible. Les libraires relevaient d'elle exclusivement et, par des statuts souvent renouvelés, elle réprimait tous les abus dont ils étaient, paraît-il, très-coutumiers. Comme la plupart du temps ils se bornaient à recevoir des livres en dépôt et à les vendre pour le compte des propriétaires, il leur est défendu de percevoir plus de quatre deniers par livre du prix total. En outre, un statut, en date de 1323, leur prescrit de laisser prendre copie de leurs manuscrits à quiconque le désire, moyennant une indemnité et un gage.

Les leçons des Maîtres avaient lieu en général dans la matinée. Nous voyons en effet divers statuts défendre aux Escholiers qui aspiraient à la licence et qui, dans ce but, faisaient les leçons dites *cursoires*, de les commencer avant neuf heures, pour ne pas empêcher qu'on allât à celles des Maîtres. Un temps minimum était généralement fixé pour l'explication des différents auteurs; d'autre part, il était défendu de passer à un autre sans avoir fini l'explication du premier, si ce n'est dans certaines hypothèses limitativement déterminées. L'une de celles que prévoient les règlements est celle où le Maître se trouve n'avoir plus un seul auditeur.

Lorsqu'il lit (c'est-à-dire professe) le Maître, et particulièrement le Maître ès Arts doit être vêtu d'une chappe ronde, noire et descendant jusqu'aux talons, au moins lorsqu'elle est neuve (1). Le manteau est autorisé ; mais les *sotulares* (souliers) *laqueati et liripipiati* (à la poulaine) sont proscrits.

Nous venons de parler des Leçons Cursoires. Ceci nous amène à traiter des grades que conférait l'Université, grades qui étaient tenus en très-haute estime, encore que leur collation fût absolument soustraite à toute influence gouvernementale. Pendant tout le XIIIe siècle, si ce n'est peut-être vers la fin, ils n'ont pas de nom particulier ; mais ils n'en existent pas moins et sont comme aujourd'hui au nombre de trois ; équivalant plus ou moins, comme on va le voir, au Baccalauréat, à la Licence et au Doctorat.

Les examens étaient plus sérieux, plus difficiles et en même temps plus justes et mieux compris que ceux d'aujourd'hui avec lesquels, du reste, ils n'avaient que fort peu d'analogie.

Le premier grade s'obtenait à la suite de ce qu'on appelait les Déterminances, *Determinationes*, qui du-

---

(1) *Nullus Magistrorum legentium in Artibus habeat cappam, nisi rotundam, nigram et talarem, saltem dum nova est.* (Statuts du légat Robert de Courçon, en 1215).

raient tout le carême. Le candidat, monté dans une
chaire ou placé dans un endroit spécial, était tenu de
répondre aux questions quelconques que lui posaient
les Maîtres ou même les assistants. Cela durait toute la
matinée, parfois toute la journée, pour recommencer le
lendemain et les jours suivants. Souvent un étranger, un
inconnu ou un Escholier qui ne s'était nullement posé
comme candidat était proclamé vainqueur et recevait le
grade tandis que le candidat proprement dit était honni
et bafoué. Ce mode d'examen, dont notre agrégation
moderne a conservé les traces, était à peu près le
seul usité au Moyen Age et il avait certainement des
avantages. Mais il présentait aussi non moins incon-
testablement des difficultés très-sérieuses, et que l'on
serait en droit de taxer d'exagérées si les grades
avaient été déjà à cette époque nécessaires pour per-
mettre l'accès de la plupart des carrières. L'on com-
prend, dès lors, pourquoi malgré le chiffre si élevé
des Escholiers, le nombre de ceux arrivant au
Doctorat ou à la Maîtrise était infiniment restreint et
minime, et l'on s'explique la considération dont ils
jouissaient et les honneurs qui leur étaient rendus.

C'est ainsi que Jean-sans-Terre, refusant de nommer Etienne de Langton à l'archevêché de Cantor-
béry, sous prétexte qu'il ne le connaît pas, nous
voyons le pape Innocent III lui répondre qu'un
homme né son sujet, Maître ès Arts et Docteur en
théologie de l'Université de Paris ne peut pas lui être
inconnu.

Les Déterminances portaient pour les Escholiers
de la Faculté des Arts sur le *Trivium*, et pour ceux

des autres Facultés sur les premiers principes de ce qu'on y enseignait.

Lorsque, à la suite des Déterminances, on avait été jugé digne du titre de Bachelier (nous employons par anticipation ce mot qui ne commence à être adopté en ce sens qu'au xive siècle) venait un certain temps d'épreuve pour savoir si l'on serait admis parmi les candidats à la Licence. Mais, dès ce moment, on avait droit soit à ce titre de Bachelier, soit plutôt, aux xiie et xiiie siècles, à celui d'Archischolaris et au port de la chappe ronde, *cappa rotunda*. Une place spéciale vous était en outre réservée dans les cérémonies. Pendant ce laps de temps, on devait, tout en continuant d'étudier comme auparavant, faire des leçons sur ce que l'on savait déjà et particulièrement s'occuper des Tirones, c'est-à-dire des Escholiers commençant leurs études, leur expliquer en le développant le cours des Maîtres, etc.

Si l'on s'était bien comporté pendant cette période, qui n'avait pas de durée fixe, on était admis au rang des candidats à la Licence et alors commençait une épreuve de deux années pleines, ne devant subir aucune interruption qui ne fût entièrement réparée. Il fallait, en outre, avoir déjà six ans d'étude et vingt-un ans d'âge, et même huit et trente-cinq pour la Théologie. Pendant ces deux années, appelées *Cursus Studiorum*, d'où le mot de Leçons Cursoires, on devait, tout en fréquentant assidûment les cours des Maîtres, soutenir des thèses, disputer dans les Déterminances et ailleurs, faire d'une façon régulière les leçons que nous venons de nommer pour la

seconde fois; enfin, chose très-recommandée, ins-
truire dans son particulier des Tirones et avoir des
livres.

Au reste, nous retrouvons ici comme partout cette
autonomie et cette indépendance dont nous avons parlé,
qui est un des traits caractéristiques du Moyen Age.
En dehors des Leçons Cursoires et des conditions
d'âge, il n'y avait rien, en effet, qui fût positivement
imposé pour le temps de la Licence; c'était à chacun
de se distinguer le plus possible comme il le jugeait
à propos.

Si, au bout de ces deux années, les Maîtres qui
vous avaient surveillés et conseillés avec soin rendaient
de vous un bon témoignage, et ils se montraient,
nous le répétons, fort difficiles à cet égard, si vos
Leçons Cursoires avaient attiré des auditeurs, si on
avait formé des élèves instruits et mené une vie réglée, on allait se présenter solennellement au Chancelier de Notre-Dame ou de Sainte-Geneviève qui
vous accordait la Licence d'enseigner.

Les Maîtres s'assemblaient alors en grande pompe
et après un petit discours du Licencié, *licentiatus*, lui
remettaient le bonnet de Docteur, *pileum* ou *birre-
tum*, et l'invitaient à prendre place parmi eux. Le
Docteur ès Arts, dont les études avaient été beaucoup
plus étendues et partant plus difficiles, prenait le
nom de Maître ès Arts.

La Licence et le Doctorat ne faisaient ainsi qu'un;
le second, conséquence à peu près forcée de la première. Ce ne fut que plus tard, que l'usage s'établit
de faire suivre les deux années de Licence d'une

grande déterminance, où le candidat devait répondre
à toutes les questions qui lui étaient posées.

Des examens de ce genre seraient-ils bien du goût
des étudiants modernes; cela est fort douteux. Nous
ne pouvons ici les comparer avec le système usité de
nos jours, et il est bien évident qu'y revenir est impossible; cependant il y aurait, croyons-nous, quelque
chose à faire. Il est clair que ce *Cursus Studiorum*
de deux ans et cette obligation de former des élèves
devaient avoir les meilleurs résultats, mais on ne peut
les rétablir, on ne peut qu'y suppléer très-imparfaite-
ment par des conférences. C'est sur la durée et le
mode des examens que pourraient porter les réformes,
et malgré les obstacles qui résultent surtout du grand
nombre des candidats, il nous semble que l'on pourrait réaliser des progrès.

Pour en finir avec ce sujet des examens, il convient
de dire quelques mots des réjouissances et des abus
auxquels ils donnaient lieu. Bien qu'elles se fissent en
carême, les Déterminances étaient trop souvent une
occasion de débauches. Ceux qui devaient y argu-
menter se réunissaient parfois en bandes et choisis-
saient des capitaines; puis, au sortir des disputes et
argumentations, ils se répandaient tumultueusement
dans les rues, cherchant querelle aux bourgeois ou
à la garde, faisant des illuminations improvisées, au
grand risque de mettre le feu, et allant dans les
tavernes se livrer à des orgies. En 1251 et en 1253,
par exemple, il y eut à cette occasion des rixes, des
querelles, avec morts et blessés. Plusieurs fois, l'U-
niversité fit des règlements pour prévenir ces désor-

dres ; nous voyons, notamment, le cardinal Robert de Courçon, dans ses statuts de 1215, n'autoriser que les repas et les réjouissances entre amis intimes. En 1275, un statut des Maîtres ès Arts défend également les « *Potationes seu Convivia,* » à l'occasion des Déterminances, si ce n'est pendant le premier et le dernier jour et en se maintenant dans les limites dont nous venons de parler. Ce statut prescrit en outre, « *ut nullus audeat illuminare cereos in vico aut in domo.* »

Pour en finir avec notre seconde partie, il ne nous reste plus guère à parler que des vacances et du parchemin, qui jouaient un si grand rôle à cette époque dans la vie intellectuelle ; nous avons parlé plus haut, incidemment, des libraires.

Il n'y avait pas, à proprement parler, de vacances comme il y en a aujourd'hui, c'est-à-dire de période d'un mois ou deux, où les travaux sont complétement suspendus. A la vérité, les auteurs parlent bien de temps en temps de « *vacationes æstivales,* » et semblent dire qu'elles duraient un mois. Mais, outre qu'ils ne sont rien moins qu'affirmatifs à cet égard, il est positivement certain et ils sont par contre, unanimes à le dire, que les Leçons Cursoires ne souffraient aucune interruption , car, comme nous l'avons dit, le *Cursus studiorum* devait durer deux années pleines et entières. Or, pas de Leçons sans auditeurs.

Ajoutons, qu'en raison de la longueur, de la cherté et des difficultés de tout genre des voyages, la plupart des Escholiers seraient restés à Paris, même pendant ces vacances, et durant ce temps-là, leur licence, souvent assez grande comme nous l'allons voir, n'aurait plus connu de bornes.

Néanmoins, des jours de repos ont toujours été reconnus nécessaires pour qui travaille sérieuse‹ ment. Par ce motif, et plus encore par un motif religieux, les cours étaient suspendus à l'occasion de toutes les fêtes un peu solennelles pendant une demi-journée, un, deux ou même trois jours. C'est ainsi qu'à l'occasion des solennités de Pâques, de Noël et de la Pentecôte, il y avait trois jours et demi de vacances. Il y avait aussi des fêtes profanes, telles que celle du Lendit. En additionnant le tout on arrive à environ soixante-dix à quatre-vingts jours dans l'année. Nos vacances modernes, si l'on y joint celles de Pâques et du premier de l'an, arrivent exactement à ce chiffre ; leur conti-nuité seule établit une différence.

Les congés exceptionnels eux-mêmes ne faisaient pas défaut, il y en avait par exemple à l'arrivée de quelque personnage illustre, à la rencontre duquel se rendait l'Université, ou le jour de l'enterrement d'un Maître (1).

Nous avons dit que la rareté des livres rendait

---

(1) A la mort d'un Escholier ès Arts ou en Théologie, le tiers des Maîtres devait assister à ses funérailles et rester jusqu'au bout « *nisi rationabilem habuerit causam.* » Si c'était un Maître, tous y assistaient et devaient, en outre, demeurer dans l'église où se disaient les Vigiles jusqu'à minuit et réciter tout le Psautier (150 Ps.), pour le repos de l'âme du défunt.

l'enseignement essentiellement oral. La cherté du parchemin y contribuait également. Néanmoins, quelque soin qu'on mit à en user le moins possible, il en fallait, et beaucoup, en raison du nombre des Escholiers. Aussi les marchands affluaient-ils à Paris. Leur dépendance à l'égard de l'Université, sans être aussi complète que celle des libraires, ne laissait pas que d'être grande. Défense était faite à ceux établis dans la ville d'acheter du parchemin ailleurs qu'aux Mathurins (1) et à la foire de Saint-Denis. Chaque botte de parchemin entrant dans Paris payait, nous en avons parlé, un très-léger droit au profit du Recteur. Tout marchand forain devait en arrivant prévenir le Recteur. Celui-ci envoyait compter les bottes et le faisait estimer et taxer par les quatre Parcheminiers jurés de l'Université. Puis, pendant vingt-quatre heures le marchand ne pouvait vendre qu'aux Escholiers, aux praticiens et aux particuliers ; mais non aux marchands de Paris. De même, lors de la foire du Lendit à Saint-Denis (2), le Recteur s'y rendait en grande pompe, suivi d'un nombreux cortége de Maîtres et d'Escholiers, et visitait ou faisait visiter le

---

(1) Le couvent des Mathurins ou Trinitaires contenait plusieurs salles et magasins indépendants du reste des bâtiments et spécialement réservés à l'Université. L'un d'eux était l'entrepôt ordinaire du parchemin venant du dehors.

(2) Cette foire qui commençait le 2 juin, après une bénédiction solennelle de l'Archevêque, remontait à Charles-le-Chauve, qui l'avait instituée *edicto* ou *indicto regio*, d'où le mot de *Lenditum*.

parchemin pour percevoir le droit et prévenir les fraudes, « *ne Pergamenarii et Papyropolæ in usum scholasticum adulterinam materiam exponerent.* » Les marchands ne pouvaient s'approvisionner qu'après les Maîtres, les Escholiers, les gens du Roi et de l'Archevêque.

Un statut porte encore que tout Maître ou Escholier assistant à une vente entre un marchand forain et un de la ville, peut prendre le marché pour lui si bon lui semble, sauf à donner six deniers par livre au marchand de Paris.

Nous ne pouvons mieux terminer cette seconde partie qu'en donnant les noms d'un petit nombre des hommes illustres que produisit l'Université. Nous en avons déjà indiqué et nous en indiquerons encore quelques-uns incidemment ; citons ici, tous du XIIIᵉ siècle : Alexandre de Halès, mort en 1245, Anglais, Frère-Mineur, surnommé le Docteur Irréfragable, et dont il suffit de dire qu'il eut pour élèves saint Thomas et saint Bonaventure ; Albert-le-Grand (1193-1280), qui enseigna successivement à Fribourg, à Ratisbonne, à Cologne et à Paris. Lui aussi eut pour élève saint Thomas-d'Aquin, et ses œuvres forment vingt-et-un volumes gros in-folio. Clément IV, né en Provence, militaire, puis jurisconsulte et secrétaire de saint Louis, pape en 1265 ; Boniface VIII, avocat consistorial et protonotaire apostolique avant d'être élu Souverain Pontife en 1294 ; Honorius III ; Grégoire IX ; Innocent IV ; Honorius IV ; Nicolas IV ; soit sept Souverains Pontifes. Citons encore Roger-Bacon (1214-1294); Franciscain Anglais, dit le Docteur Admirable, qui fit faire d'immenses progrès à l'astronomie, la physique, la chimie et les mathématiques; le bienheureux Raymond Lulle (1236-1315), né à Majorque, surnommé le Docteur Illuminé, homme extraordinaire et en quelque sorte presque indéfinissable. Dissipé et libertin d'abord, il fut ensuite frère très-fervent du Tiers-Ordre de Saint-François, amateur de la solitude et solliciteur assidu des princes, auteur de plus de volumes qu'un homme ordinaire n'en pourrait transcrire et presque lire, accusé d'hérésie et martyrisé chez les mahométans d'Afrique.

Pourrions-nous oublier un compatriote, Hugues de Saint Chef en Dauphiné, dominicain, cardinal et auteur d'un ouvrage théologique encore très-estimé; Duns-Scot, le Docteur Subtil, grand défenseur de l'Immaculée Conception, mort en 1308; Vincent de Beauvais, dominicain, auteur du *Speculum Majus*, vaste encyclopédie du Moyen Age. Finissons par Mathieu de Paris, historien; Robert de Sorbon, cité plus loin; Henri de Suze, d'abord archevêque d'Embrun, puis cardinal et évêque d'Ostie, auteur de la *Somme dorée* (droit canon et civil); les cardinaux Jacques de Vitry et Robert de Courçon, et tant d'autres dont les noms seuls suffiraient à remplir bien des pages.

III.

VIE DES ESCHOLIERS

Consacrée plus particulièrement à la vie des Escholiers, cette troisième partie peut paraître en soi d'une importance moindre ; mais elle n'est certainement pas la moins intéressante.

Ici encore la maxime *Nil sub sole novum* trouve son application à un haut degré. De tout temps, et au xiiie siècle aussi bien qu'à présent, il y a eu des Escholiers ou étudiants travaillant et arrivant ; d'autres travaillant plus ou moins et s'amusant ; d'autres enfin ne faisant que s'amuser. Au nom près, les Etudiants de dixième année étaient connus bien avant notre époque. Pour les Escholiers travaillant, il n'y a point eu de changement, pour ceux qui s'amusent, la forme seule a varié. Les Etudiants d'aujourd'hui ne savent guères que se livrer à des « *potationes* » et à des « *convivia* » avec ou sans *meretrices* dans de petits salons bien clos ; tout au plus leur audace va-t-elle parfois jusqu'à un modeste tapage diurne ou nocturne.

En remontant un peu en arrière, on en trouve qui rossaient franchement les sergents de ville, la patrouille ou le guet. Les Escholiers du xiiie siècle, encore un peu barbares et pleins d'une exubérance vitale qui nous fait défaut aujourd'hui, échangeaient entre eux, avec les bourgeois ou les gens du Roi, sur le Pré-aux-Clercs ou dans les carrefours des « *seria pugnorum,* » de bons coups de bâton et de temps à autre de grands coups d'épée.

Mais avant de vous citer quelques faits de ce genre et de terminer par là cette rapide étude, il convient d'exposer brièvement où et comment cette multitude d'Escholiers que nous avons vu être si considérable trouvait le vivre et le couvert.

Ceux qui avaient quelques ressources, se logeaient chez les bourgeois. Cette question des logements présentait, on le conçoit, une grande importance; aussi, les Souverains Pontifes eux-mêmes et l'Université intervinrent-ils nombre de fois pour la régler. Il paraît que des contestations fréquentes s'élevaient sur les prix. D'autre part, il arrivait souvent aussi que les Escholiers allaient sur les marchés des uns des autres, ce dont les bourgeois profitaient pour exagérer leurs prétentions. Grégoire IX décida que les loyers seraient taxés par deux Maîtres et deux bourgeois élus par leurs concitoyens et agréés par l'Université. Celle-ci décida également, et cette décision fut confirmée par une bulle d'Innocent IV de 1245, que si un bourgeois demandait un loyer supérieur à celui qui avait été taxé, sa maison serait mise en interdit pendant cinq ans et que l'Escholier ou le Maître qui, passant outre, s'y logerait, serait, après avertissement, déchu des droits et priviléges Universitaires. Même peine contre celui qui consentait à payer un prix supérieur à la taxe.

Enfin, l'Université s'étant plaint que les religieux

de Paris se refusaient à loger les Escholiers, même moyennant finances, ou tout au moins faisaient des difficultés « *exhibebant se difficiles;* » plusieurs bulles vinrent faire cesser cette résistance.

Quant à la question d'alimentation, nous n'avons trouvé que fort peu de choses dans les chroniqueurs. Nous croyons pouvoir dire cependant qu'indépendamment des nombreuses tavernes « *tabernæ* » qui foisonnaient dans le quartier des Ecoles; la grande majorité des Clercs vivaient chez les bourgeois qui les logeaient, ou chez d'autres, comme cela se pratiquait encore au commencement de ce siècle pour les étudiants et se pratique toujours en Allemagne.

Si réduits que fussent les prix, comme la plupart des fortunes étaient aussi fort réduites à cette époque, il y avait un assez grand nombre d'Escholiers n'ayant rien ou à peu près rien, et qui n'auraient pu faire ou achever leurs études. Mais l'Eglise, que nous avons déjà vu si soucieuse d'assurer la gratuité de l'enseignement dans la mesure où elle doit exister, c'est-à-dire pour ceux qui sont sans ressources; l'Eglise avait su remédier à cela d'une façon merveilleuse. Nos bourses modernes ne sont qu'une lointaine imitation de ce qu'elle avait su faire. Dès le début de l'Université, on voit se multiplier les fondations en faveur des « pauvres Clercs » (1).

_____

(1) On sait que la plupart des Escholiers étaient Clercs, et, par extension, on les désignait souvent tous sous ce nom, plus usité même dans la langue courante que l'autre.

La forme qu'elles affectaient le plus souvent était celle des « *Hospitia* » plus tard appelés Colléges. Ces Colléges n'étaient nullement ce que l'on désigne aujourd'hui sous ce nom ; mais des maisons où l'on recevait gratuitement les Clercs pauvres, où ils vivaient ensemble, où parfois on les nourrissait aussi pour rien et d'où ils étaient conduits aux cours. Et comme cette vie en commun, sous une surveillance toute paternelle, présentait d'immenses avantages, il y avait de ces Colléges où l'on recevait des Escholiers en état de payer (1).

Ces Colléges se multiplièrent pendant le XIVe siècle ; mais déjà il s'en était fondé deux pendant le XIIe et une quinzaine pendant le XIIIe. Pour ne pas abuser de votre attention, je me bornerai à citer les noms de quelques-uns : le Collége de Saint-Thomas-du-Louvre, fondé par la famille de Dreux, et le Collége Danois, réservé aux Escholiers de Danemarck, étaient les deux du XIIe siècle ; ceux de Constantinople, des Mathurins où avaient lieu les réunions solennelles de l'Université, du Val des Escholiers, se fondèrent au commencement du treizième. Vinrent ensuite ceux des Bons-Enfants de Saint-Honoré, des Bons-Enfants

---

(1) Cet excellent usage a été remis en vigueur à l'Université catholique d'Angers. A côté et en arrière du Palais Académique s'élèvent trois magnifiques internats destinés aux Etudiants, où se trouvent environ cent chambres ou même appartements distincts et dont le prix de location est peu élevé. Les repas se prennent en commun dans des réfectoires spéciaux.

de Saint-Victor ; celui de Sorbonne, fondé en 1250 par Robert de Sorbon (Champagne), et dont l'histoire seule pourrait fournir la matière d'une étude analogue à celle-ci. Enfin vous me reprocheriez tous d'omettre dans mon énumération celui de Saint-Nicolas-du-Louvre, fondé en 1217, car c'est là que vécut et se forma le glorieux patron de notre Ordre, le seul avocat canonisé, saint Yves (1).

Arrivons enfin, pour terminer, à la vie privée des Escholiers. On sait déjà, et nous l'avons fait pressentir, qu'il y en avait sur le nombre d'humeur assez turbulente. Une rixe sanglante, qui motiva la Charte de Philippe-Auguste dont nous avons parlé et le privilége énorme dont elle investissait l'Université, ouvre précisément le xiiie siècle (1200). Voici brièvement le fait.

Henri, archidiacre de Liége, sur les rangs pour devenir évêque de cette ville, et en attendant Escholier à Paris, avait envoyé son domestique quérir du vin dans une taverne ; mais celui-ci, peut-être par

---

(1) Saint Yves (1253-1303), né en Bretagne, étudia la théologie à Paris, et le Droit à Orléans et à Rennes. Elevé à la dignité d'Official dans cette dernière ville, il le fut ensuite à Tréguier. On le surnomma l'avocat des pauvres, et Clément VI le canonisa en 1347.

On sait que de mauvais plaisants, confondant sans doute les avocats avec les procureurs d'autrefois, lui ont composé l'épitaphe suivante :

Sanctus Yvo erat Brito,
Advocatus et non latro
Res miranda populo

sa faute, revint battu et son broc cassé. Aussitôt plusieurs Escholiers Allemands courent à la taverne, chargent de coups le tavernier et le laissent à demi-mort. La populace s'émeut, le Prévôt de Paris se met à sa tête, envahit avec elle l'Hospitium des agresseurs, malgré leur résistance acharnée et trois Escholiers, dont l'Archidiacre, sont tués. Ce fut alors que l'Université ayant menacé de se dissoudre, le roi fit l'édit précité et punit le Prévôt et les principaux coupables avec une rigueur exagérée que l'Université elle-même blâma vivement.

Entre les Escholiers eux-mêmes, les batailles étaient incessantes, « *rixæ creberrimæ*, » dit un auteur. Or, comme ils étaient, nous l'avons dit, Clercs pour la plupart, ils encourraient l'excommunication prononcée contre quiconque met la main sur un ecclésiastique, et dont le Souverain Pontife peut seul relever (1). Aussi les voyons-nous, en 1211, adresser une supplique au Pape, lui exposant « que si l'esprit est prompt, la chair est faible, qu'un coup est bien vite donné, » et le priant de conférer à quelqu'un de Paris le pouvoir de les relever de cette excommunication aux conditions ordinaires. Cette demande fut exaucée moyennant certaines réserves, et l'abbé de Saint-Victor fut désigné à cet effet.

---

(1) Cette excommunication, prononcée par le Concile de Latran et rappelée dans une bulle de Pie IX du 12 octobre 1869, vient d'être encourue par tous ceux qui ont contribué d'une manière active *quelconque* à l'exécution des décrets du 29 mars 1880.

On ne saurait évidemment blâmer la mesure prise
par le Souverain Pontife; toutefois, elle n'était peut-
être pas de nature à faire cesser les abus, au contraire. Toujours est-il qu'en 1218, l'Official de Paris
dut publier une Ordonnance plusieurs fois renou-
velée dans la suite et interdisant aux Escholiers le
port d'armes dans Paris, sous peine d'excommuni-
tion. Voici un fragment de cette ordonnance :
« ... *nonulli Clerici et Scholares necnon eorum ser-
vientes fatuitate ipsorum Clericorum confisi, suæ
salutis immemores, Deum non habentes præ oculis,
sunt Parisius qui scholasticam vitam seducere fin-
gentes, illicitos et facinorosos actus sæpe et sæpius
armorum confidentia confisi perpetrant et exeunt.
Videlicet quod de die et nocte multos vulnerant, et
cæteros interficiunt, mulieres rapiunt, opprimunt
virgines, hospitia frangunt, necnon latrocinia et
multa alia enormia, Deo odibilia, sæpe et sæpius
commitendo. Et quoniam hæc et alia per confiden-
tiam armorum attentantur, etc. (1).*

---

(1) D'après un récit fort heureusement apocryphe, les Maîtres
eux-mêmes auraient quelquefois fait preuve d'une trop grande
vivacité. On raconte, en effet, que le célèbre jurisconsulte
Azon, professeur de droit à Montpellier, puis à Bologne et
surnommé le Maître du droit et la Source des lois, aurait,
dans la chaleur d'une discussion, tué son adversaire d'un coup
de chandelier. On ajoute que dans sa prison, il ne cessait de
s'écrier : *Ad bestias, ad bestias,* invoquant la loi qui portait ce
nom et qui modérait la peine d'un coupable qui a excellé dans
quelque art. Ses juges, fort ignorants, croyant qu'il les appelait

Le Pré-aux-Clercs, *Pratum Clericorum* était aussi une occasion incessante de batailles, et voici comment. Ce pré s'étendait du côté de l'abbaye de Saint-Germain-des-Prés, « *trans Sequanam in Luparæa regione*, » et avait une très-grande superficie. C'était le lieu de promenade, de récréation et le Champ-de-Mars des Escholiers, et tous les jours il s'y en trouvait un grand nombre.

Or, l'Université soutenait qu'il était sa propriété exclusive, comme lui ayant été donné par Charlemagne ; les moines de Saint-Germain, au contraire, soutenaient qu'il avait été postérieurement acquis par un de leurs Abbés. La querelle dura quatre ou cinq siècles, jusqu'à ce que le Pré fût couvert de constructions, et si elle tourna en procès à partir du XIVᵉ ; pendant le XIIᵉ et le XIIIᵉ, elle donna plusieurs fois lieu à des effusions de sang et même à des morts. Outre la question de propriété, il s'en élevait une autre, relative au droit de pêche dans le fossé « *fossatum* » assez poissonneux, qui traversait une partie du Pré et venait aboutir à la Seine. Les Escholiers prétendaient y pêcher, les moines s'y opposaient ; et envoyaient leurs vassaux les chasser. Vers 1270, il y eut à ce sujet une bataille épouvantable où trois des premiers restèrent sur le carreau.

---

par le nom qu'ils méritaient, l'auraient condamné à mort en 1200, et privé des honneurs de la sépulture.

Ce récit, disons-nous, est heureusement faux ; il est en effet, on peut le dire, démontré qu'Azon mourut de mort naturelle en 1225.

Pour bien affirmer le droit de propriété de l'Université « *ad denotandum dominium et continuandam possessionem,* » chaque année, le jour de Pâques, et plus tard le lendemain, avait lieu la cérémonie suivante : le Recteur, les quatre Procureurs des Nations et les quatre Intrantes, se rendaient solennellement à Saint-Germain avec le Scribe de l'Université et huit Bedeaux portant des faisceaux. Ils y entendaient la messe, puis faisaient le tour d'une partie du Pré et le Scribe dressait du tout un « *instrumentum.* » Voici le texte de celui qui fut dressé en 1538 : « *Hodie lunæ in crastino festi Resurrectionis Domini nostri Jesu Christi, Dominus Rector scilicet M. Claudius Berthot cum quatuor Procuratoribus et quatuor magnis Intrantibus Nationum Facultatis Artium, et Bidellis ejusdem Facultatis, cænobilium D. Germani de Pratis adiverunt Missamque ibi more solito audiverunt. Qua audita, ad Pratum Clericorum accesserunt et illud pro more visitaverunt, me Notario et Scriba dictæ Universitatis in præmissis adstante.* »

En 1614 et en 1623, on retrouve un procès-verbal semblable.

En 1315, un particulier s'étant permis d'ensemencer en blé une parcelle du Pré, l'Université se réunit tout exprès le 3 juillet, pour délibérer sur cet empiétement. Il fut décidé que le blé serait arraché, et, séance tenante, le Recteur se rendant sur les lieux ordonna aux nombreux Escholiers qui l'avaient accompagné d'exécuter cette décision; ce qui fut, comme on le pense, l'affaire de quelques instants.

Pour en revenir aux Escholiers et pour finir, citons

la grande bataille de 1229, type de toutes les autres,
et à la suite de laquelle l'Université n'ayant pu obtenir satisfaction suspendit ses cours pendant deux
années entières, Nous empruntons notre récit à
Mathieu de Paris. — Pendant les jours gras, une bande
d'Escholiers Picards se rendit au bourg de Saint-
Marcel, et « *ibi casu invenerunt vinum optimum in
taberna quadam et ad bibendum suave.* » *Suave,* c'est
possible, mais sans nul doute capiteux, car bientôt
« *inter Clericos potantes et caupones querela orta est
et cœperunt ad invicem alapas dare et capillos laniare.*»
Les gens du quartier accourent, prennent parti pour
le cabaretier « *et scholares bene fustigatos egregie
in fugam compulerunt.* » Ceux-ci, furieux, reviennent
en nombre le lendemain, rouent de coups le tavernier, brisent tous ses vases vinaires; puis, non con-
tents de cet exploit, se répandent dans les rues en
distribuant des coups de bâton à tous ceux qu'ils
rencontrent, sans distinction de sexe.

Le doyen de Saint-Marcel se plaignit; la reine
Blanche donna ordre de sévir; mais le Prévôt de
Paris, fort mal disposé pour l'Université, outrepassa
sans doute les ordres qu'il avait reçus. En effet, sortant de Paris avec des gens armés, il tomba indis-
tinctement sur tous les Escholiers qui se présentè-
rent à lui. Ceux-ci voulurent résister, mais n'ayant
pour la plupart que des bâtons, ils eurent le dessous.
Plusieurs furent tués, dont deux d'avenir et de distinction, un Flamand et un Normand, alors que des
Picards avaient fait tout le mal. Comme nous l'avons
dit, cet événement fut suivi d'une suspension de

cours qui dura jusqu'à ce que l'Université eut obtenu satisfaction (1).

Disons, enfin, que nombre des Escholiers n'étaient pas non plus de mœurs irréprochables. Les auteurs contemporains s'en plaignent souvent et se lamentent à ce sujet. Il paraîtrait, en effet, qu'il y eut un moment où Paris était infesté de courtisanes et devenait inabordable ; l'on peut lire à ce sujet de curieux détails dans le chapitre vii de l'*Histoire Occidentale* du cardinal de Vitry.

Toutefois, il constate aussi que, comme toujours, le bien était à côté du mal. De plus, ceci se passait à la fin du xiie siècle, et ces mêmes auteurs nous apprennent que les désordres cessèrent à peu près en 1198, grâce aux efforts d'un saint prêtre, Foulques de Neuilly, sur le compte duquel ils ne tarissent pas d'éloges.

----

(1) Il nous serait facile de relater plusieurs autres faits du même genre, quoique moins graves ; mais ce serait long et monotone. Nous nous bornerons donc à ceci : sans vouloir l'affirmer positivement, nous croyons pouvoir avancer qu'il ne s'est pas écoulé une période de dix années pendant tout le xiiie siècle sans qu'un Escholier pour le moins, ne pérît dans une querelle quelconque. On aurait tort de partir de là pour accuser nos rois de négligence et taxer le Moyen Age de barbarie. Croit-on que si, par impossible, vingt ou trente mille étudiants se trouvaient réunis dans une de nos villes modernes, plus quelques centaines d'aventuriers et de gens sans aveu se donnant pour étudiants, des faits exactement du même genre que ceux que nous citons tarderaient beaucoup à s'y reproduire ? Et en admettant qu'on parvint à empêcher les batailles, empêcherait-on les duels, inconnus, on peut le dire, au xiiie siècle ?

Il parvint notamment à faire disparaître les courtisanes en établissant les unes et en décidant les autres à entrer dans un couvent qu'il fonda tout exprès. Les bourgeois de Paris, *Burgenses Parisienses*, nous dit Rigord, l'historiographe de Philippe-Auguste, lui donnèrent à cet effet, plus de mille livres, somme considérable pour l'époque, et les Escholiers, deux cent cinquante « *ut meretrices illæ quarum importunis illiciis capti fuerant aut iterum capi reformidabant illic includerentur.* »

Nous arrivons ainsi à la fin de notre troisième et dernière partie. Nous y avons parlé surtout des Escholiers paresseux, turbulents ou débauchés ; mais, on le sait, les travailleurs n'ont pas d'histoire, ou du moins quelle que soit l'époque, elle est toujours la même. A qui donc, sinon à eux, l'Université devait-elle sa célébrité et sa splendeur. Connue dans l'Europe entière et au delà, elle voyait venir à elle les savants aussi bien que les ignorants, et tel qui enseignait avec éclat dans son pays ou y remplissait des fonctions importantes, n'hésitait souvent pas à venir en simple Escholier à Paris. Nul n'en parlait qu'avec admiration et une sorte de vénération, et Paris était appelée partout la Lumière de l'Univers, *Cariath Sepher*, c'est-à-dire, la cité des lettres, *civitas Litterarum*. Enfin, à la maxime de l'Ecriture sainte. « Que ceux qui demandent conseil aillent le demander à Abéla. » (Rois, II), on ajoutait toujours ; « et que ceux qui souhaitent l'instruction aillent la chercher à Paris. »

Les noms que nous avons cités sont bien de nature à justifier cette célébrité, et cependant il a fallu nous borner à un bien petit nombre et tous du xiii° siècle exclusivement. Il en est deux que nous avons réservés pour finir afin de vous laisser sous le charme, deux noms qui brillent d'un incomparable éclat, deux grands saints qui furent aussi deux grands savants : saint Thomas d'Aquin et saint Bonaventure; le Docteur Angélique et le Docteur Séraphique.

Né en 1227, en Campanie, l'Ange de l'Ecole, l'Aigle des théologiens entra dans l'ordre des Frères Prêcheurs en 1243, fit ses études à Paris et à Cologne et, reçu docteur à Paris, le 28 octobre 1257, le même jour que saint Bonaventure, enseigna successivement à Cologne, à Paris, à Rome, à Bologne et à Naples. Il refusa l'archevêché de cette dernière ville et appelé à Lyon, pour y assister au Concile qui allait s'y tenir, mourut en s'y rendant, le 7 mars 1274. Il ne vécut donc que quarante-huit ans et cependant, malgré ses voyages et les occupations du ministère, ses œuvres forment dix-sept volumes in-f°. Ses deux chefs-d'œuvres, aujourd'hui remis en honneur et qui, grâce à l'Encyclique *Æterni Patris* vont de nouveau être étudiés par les théologiens, sont la Somme contre les Gentils, d'une lecture fructueuse et intéressante même pour les laïques et surtout la Somme théologique. Citons aussi son admirable office du saint Sacrement, l'un des plus beaux du Bréviaire romain.

Le Docteur Séraphique, né en Toscane, en 1221, fut, dans l'Ordre des Frères-Mineurs, ce que le Docteur Angélique fut dans celui des Frères-Prêcheurs. Il se fit moine la même année, refusa comme lui un archevêché, et mourut comme lui en 1274, en arrivant au Concile de Lyon. Mais à sa différence il fut général de son Ordre et ne put refuser la pourpre romaine, que le força d'accepter Grégoire X. Ses œuvres, quoique moins considérables (8 vol. in-f⁰), et moins capitales ne laissent pas que d'être d'une haute valeur.

On sait que, par ordre du Souverain Pontife Léon XIII, on travaille à faire une édition nouvelle et complète des œuvres de l'Ange de l'Ecole. De leur côté, les fils de saint François-d'Assise nous en donneront bientôt une ne laissant rien à désirer de celles du Docteur Séraphique.

Avec de tels Maîtres et de tels élèves on devine quel éclat devait avoir l'Université de Paris, et l'on reconnaît que ce qu'on en disait, que ce que nous en avons dit, ne présentait aucune exagération.

Le XIIIe siècle la vit donc, nous le disions en commençant, parvenir à son apogée. La guerre de Cent ans, les guerres de religion lui furent funestes, et, chose étrange, même pendant le siècle de Louis XIV, le grand XVIIe siècle, elle fut languissante. Enfin, la tourmente révolutionnaire vint et l'emporta : œuvre des hommes, elle ne pouvait échapper à la destinée commune.

Mais, si ces grandes Universités d'autrefois sont mortes, s'il n'en reste plus aujourd'hui qu'un nom et le souvenir ; celle qui seule les créa et les organisa, l'Eglise Catholique, est vivante et sa fécondité est toujours la même. Qu'on la laisse faire, et tant de ruines que nous déplorons ne tarderont pas à disparaître ;

nous en avons déjà des preuves manifestes. En vain le vent de la persécution s'est élevé et semble redoubler, en vain l'on s'en prend au nom en attendant qu'on s'en prenne à la chose, un jour peut-être, nous en avons le ferme espoir, ceux qui nous auront remplacés dans l'Ordre et dans cette enceinte y viendront entendre lire une étude sur les Universités catholiques du XIXe siècle.

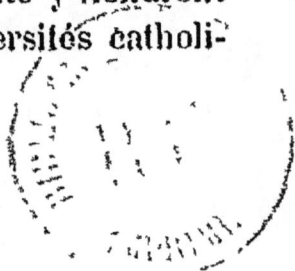

www.ingramcontent.com/pod-product-compliance
Lightning Source LLC
LaVergne TN
LVHW022127080426
835511LV00007B/1064